BEI GRIN MACHT SICH IHR WISSEN BEZAHLT

- Wir veröffentlichen Ihre Hausarbeit, Bachelor- und Masterarbeit

- Ihr eigenes eBook und Buch - weltweit in allen wichtigen Shops

- Verdienen Sie an jedem Verkauf

Jetzt bei www.GRIN.com hochladen und kostenlos publizieren

Bibliografische Information der Deutschen Nationalbibliothek:

Die Deutsche Bibliothek verzeichnet diese Publikation in der Deutschen National-
bibliografie; detaillierte bibliografische Daten sind im Internet über http://dnb.d-
nb.de/ abrufbar.

Dieses Werk sowie alle darin enthaltenen einzelnen Beiträge und Abbildungen
sind urheberrechtlich geschützt. Jede Verwertung, die nicht ausdrücklich vom
Urheberrechtsschutz zugelassen ist, bedarf der vorherigen Zustimmung des Verla-
ges. Das gilt insbesondere für Vervielfältigungen, Bearbeitungen, Übersetzungen,
Mikroverfilmungen, Auswertungen durch Datenbanken und für die Einspeicherung
und Verarbeitung in elektronische Systeme. Alle Rechte, auch die des auszugsweisen
Nachdrucks, der fotomechanischen Wiedergabe (einschließlich Mikrokopie) sowie
der Auswertung durch Datenbanken oder ähnliche Einrichtungen, vorbehalten.

Impressum:

Copyright © 2017 GRIN Verlag, Open Publishing GmbH
Druck und Bindung: Books on Demand GmbH, Norderstedt Germany
ISBN: 9783668465459

Dieses Buch bei GRIN:

http://www.grin.com/de/e-book/367993/eingliederungshilfe-fuer-fluechtlinge-nach-6-asylbewerberleistungsgesetz

Henning Becker

Eingliederungshilfe für Flüchtlinge nach § 6 Asylbewerberleistungsgesetz

GRIN Verlag

GRIN - Your knowledge has value

Der GRIN Verlag publiziert seit 1998 wissenschaftliche Arbeiten von Studenten, Hochschullehrern und anderen Akademikern als eBook und gedrucktes Buch. Die Verlagswebsite www.grin.com ist die ideale Plattform zur Veröffentlichung von Hausarbeiten, Abschlussarbeiten, wissenschaftlichen Aufsätzen, Dissertationen und Fachbüchern.

Besuchen Sie uns im Internet:

http://www.grin.com/

http://www.facebook.com/grincom

http://www.twitter.com/grin_com

Katholische Hochschule Berlin

Eingliederungshilfe für Flüchtlinge nach § 6 Asylbewerberleistungsgesetz

- Ausarbeitung zum Referat -

Vorgelegt von: Henning Becker

Studiengang: Klinische Sozialarbeit (Master)
Modul 1.3: Recht in der Sozialen Arbeit
Sommersemester 2017 (2.Semester)

Abgabe am: 13.Mai 2017

Inhaltsverzeichnis

1. Einleitung 2
2. Die Rechtsvorschrift - § 6 AsylbLG 3
3. Eingliederungshilfe nach § 6 AsylbLG für Kinder und Jugendliche 4
   Übereinkommen über die Rechte des Kindes (UN-KRK) 4
   VG Schleswig vom 21.08.1998 (13 B 159/98) / OVG Schleswig-Holstein vom 09.09.1998 (1M 98/98) 4
   VG München vom 26.06.2002 (M 18 K 01.4925) 4
   OVG Lüneburg vom 25.02.1999 (12 L 3799/98) 5
   VG Sigmaringen vom 02.04.2003 (5 K 781/02) 5
4. Eingliederungshilfe nach § 6 AsylbLG für Erwachsene 6
   VG Augsburg vom 17.10.2000 (Au 3 K 99.1236) 6
   SG Frankfurt vom 16.01.2006 (S 20 AY 1/06 ER) 6
5. Aktuelle Entwicklung in Politik und Rechtssprechung 7
   BVerfG vom 18.07.2012 – 1 BvL 10/10, 1 BvL 2/11 7
   Richtlinie 2013/33/EU des Europäischen Parlaments und des Rates vom 26. Juni 2013 7
6. Zusammenfassung 8
Quellenverzeichnis 9

1. Einleitung

„Politisch Verfolgte genießen Asylrecht." (Art. 16a GG)

Die Bundesrepublik Deutschland hat das Recht auf Asyl als Grundrecht im Grundgesetz verankert. Leistungsansprüche von Flüchtlingen (und anderen Personengruppen wie z.b. Menschen mit einer Duldung) werden im Asylbewerberleistungsgesetz (AsylbLG) geregelt. Vorrangig sind diese in §§ 2, 3 AsylbLG sowie ergänzend in § 4 AsylbLG beschrieben. Leistungsberechtigte nach § 1 AsylbLG erhalten jedoch keine Leistungen der Sozialhilfe (§ 23 Abs. 2 SGB XII sowie § 9 Abs. 1 AsylbLG) und damit keine Leistungen der Eingliederungshilfe gemäß §§ 53ff. SGB XII. §§ 2, 3 und 4 AsylbLG decken aber in Einzelfällen nicht alle Bedarfe an Leistungen ab. Ein möglicher Anspruch auf vergleichbare Leistungen der Eingliederungshilfe ist in § 6 AsylbLG geregelt.

Dieser Vorschrift kommt eine wichtige Funktion zu. Sie gewährleistet, dass trotz der in der Höhe eingeschränkten und von restriktiven Voraussetzungen abhängigen Leistungen des AsylbLG in jedem Einzelfall das Existenzminimum gesichert wird.[1] In mehreren Kommentierungen ist von einer sog. „Auffang- und Öffnungsklausel" die Rede.[2]

Im Rahmen dieser Arbeit ist es Ziel, exemplarisch Ansprüche geflüchteter Menschen auf Leistungen gemäß § 6 AsylbLG darzustellen, die ähnlich bzw. vergleichbar zu Leistungen der Eingliederungshilfe im Sinne des § 53 SGB XII sind. Es sollen Auslegungskriterien dieser Rechtsvorschrift vorgestellt und eine Orientierung über mögliche Ansprüche gegeben werden.

---

[1] vgl. Fichtner; Wenzel 2009. S. 733.
[2] vgl. u.a. Frerichs 2014. S.2.

2. Die Rechtsvorschrift - § 6 AsylbLG

Die Vorschrift des § 6 AsylbLG wurde zum 01.06.1997 als „uneingeschränkte Ermessensvorschrift" ins AsylbLG aufgenommen. Nach der bis 31.05.1997 gültigen Rechtslage „durften" *sonstige Leistungen* „nur" in bestimmten, klar umrissenen Fällen gewährt werden. In der Neufassung hingegen „können" sie „insbesondere" in speziellen Fallkonstellationen gewährt werden.[3] Es handelt sich um eine „Auffangvorschrift bzw. Öffnungsklausel". Sie soll eine von §§ 3, 4 AsylbLG abweichende Leistungsgewährung in besonders (atypischen) Bedarfslagen ermöglichen. Unterschiedlichen Leistungssachverhalten und der nach Art. 1 Abs. 1 i.V.m. Art. 20 Abs. 1 GG gebotenen Sicherstellung eines menschenwürdigen Existenzminimums sowie europäischem Recht soll im Einzelfall entsprochen werden.[4]

§ 6 AsylbLG
(1) Sonstige Leistungen **können** insbesondere gewährt werden, wenn sie im **Einzelfall** zur SICHERUNG DES LEBENSUNTERHALTS oder DER GESUNDHEIT **unerläßlich**, zur DECKUNG BESONDERER BEDÜRFNISSE VON KINDERN **geboten** oder zur ERFÜLLUNG EINER VERWALTUNGSRECHTLICHEN MITWIRKUNGSPFLICHT **erforderlich** sind. Die Leistungen sind als Sachleistungen, bei Vorliegen besonderer Umstände als Geldleistung zu gewähren.

(2) (...)[5]

Die Hervorhebungen machen deutlich: Die Leistungsgewährung als „Kann-Vorschrift" erfolgt im „Ermessenswege". Die Vorschrift ist *einzelfall*bezogen und *restriktiv* anzuwenden – auf Letzteres weisen die Wörter „unerlässlich", „geboten" und „erforderlich" hin. Das Wort „insbesondere" verweist einerseits auf vier vorrangig in Frage kommende (grün markierte) Fallkonstellationen. Sie sind andererseits durch dieses Wort nicht abschließend geregelt, sondern auch für weitere „sonstige Lebenslagen" geöffnet.[6]

Im Gegensatz zu § 53 SGB XII werden „eingliederungshilfetypische" Termini („Behinderung", „Teilhabe an der Gesellschaft") in § 6 AsylbLG *nicht* erwähnt. Die Auslegung des Gesetzes bei der Gewährung von vergleichbaren Leistungen für Flüchtlinge stellt die zuständige Behörde vor die Aufgabe, im Rahmen des Ermessens stets die „Umstände des Einzelfalls"[7] zu bewerten. Für Leistungen der Eingliederungshilfe kommt dabei „insbesondere" in Frage, analog zu den Bestimmungen des § 53 SGB XII zu prüfen, ob Leistungen zur Sicherung der Gesundheit und/oder zur Deckung besonderer Bedürfnisse von Kindern notwendig sind.

Inzwischen gibt es zahlreiche Orientierungspunkte aus Politik und Rechtsprechung, die im Folgenden vorgestellt werden.

---

[3] vgl. Frerichs 2014. S. 2.
[4] vgl. Frerichs 2014. S. 5ff. sowie Fasselt 2009. S. 733.
[5] § 6 Abs. 2 AsylbLG bezieht sich ausschließlich auf Personen mit einer Aufenthaltserlaubnis gemäß § 24 Abs. 1 AufenthG. Diese Vorschrift bezieht sich wiederum auf die Richtlinie 2001/55/EG der Europäischen Union. Sie wurde in der Realität noch nie vom Rat der EU beschlossen. In der Praxis sind daher § 24 Abs. 1 AufenthG und § 6 Abs. 2 AsylbLG bislang noch nicht zur Anwendung gekommen. In der vorliegenden Arbeit wird sich daher auf § 6 Abs. 1 AsylbLG beschränkt.
[6] vgl. Frerichs 2014. S. 11.
[7] Frerichs 2014. S. 27.

3. Eingliederungshilfe nach § 6 AsylbLG für Kinder und Jugendliche

Übereinkommen über die Rechte des Kindes (UN-KRK)

Das Übereinkommen über die Rechte des Kindes der Vereinten Nationen vom 20.11.1989 (UN-KRK) ist am 05.04.1992 in Deutschland in Kraft getreten und seit Mitte Juli 2010 vorbehaltlos gültig. Bei der Auslegung von Leistungsansprüchen nach § 6 Abs. 1 AsylbLG zur „Deckung besonderer Bedürfnisse von Kindern" sind insbesondere zu berücksichtigen:

- Art. 3 UN-KRK: Wohl des Kindes
- Art. 23 UN-KRK: Förderung behinderter Kinder
  (Selbstständigkeit fördern, aktive Teilnahme am Leben in der Gemeinschaft erleichtern)
- Art. 24 UN-KRK: Gesundheitsvorsorge (Ziel: erreichbares Höchstmaß an Gesundheit)
- Art. 27 UN-KRK: angemessene Lebensbedingungen
- Art. 28 UN-KRK: Recht auf Bildung und Schulbesuch

Die UN-KRK ist folglich bei der Ermessensentscheidung als „Mindeststandard"[8] hinzuziehen. Leistungen gemäß § 6 Abs. 1 AsylbLG „zur Deckung besonderer Bedürfnisse von Kindern" sollten (oder sind) daher immer dann geboten (sein), wenn die in der UN-KRK garantierten Rechte gefährdet sind.[9] Dies wurde durch mehrere deutsche Gerichte bestätigt.

VG Schleswig vom 21.08.1998 (13 B 159/98); bestätigt durch:
OVG Schleswig-Holstein vom 09.09.1998 (1M 98/98)

In vorliegender Entscheidung wurde die zuständige Asylbehörde durch das VG Schleswig verpflichtet, die Kosten für eine integrative Förderung eines 5,5 jährigen behinderten Kindes im Kindergarten zu übernehmen. Das OVG Schleswig-Holstein bestätigte die Entscheidung und führte aus, dass das Wort „insbesondere" auf den *nicht abschließenden* Charakter der im Gesetz benannten Fallgruppen hinweist. Außerdem sind *Zweck und Aufgabe der Eingliederungshilfe*, hier nämlich das *frühzeitige* Aufholen hochgradiger Entwicklungsrückstände, *vorrangig* vor dem (hier ungesicherten) Aufenthaltsstatus des Kindes.

VG München vom 26.06.2002 (M 18 K 01.4925)

Ähnlich entschied das VG München (Kostenübernahme für einen integrativen Kindergarten für ein Kind mit progressiver Muskeldystrophie) und verwies auf den Charakter der *„Auffangklausel"* in § 6 AsylbLG. Ebenso sei mit den *frühestmöglichen* Maßnahmen zum Entgegenwirken der Erkrankung ein *„besonderes Bedürfnis eines Kindes"* begründet.

---

[8] Fasselt 2009. S. 735.
[9] vgl. Fasselt 2009. S. 736.

OVG Lüneburg vom 25.02.1999 (12 L 3799/98)

In vorliegendem Fall hatte das VG Lüneburg die Klage eines Minderjährigen auf Übernahme von Kosten für eine Tagesbildungsstätte abgewiesen. Das OVG Lüneburg revidierte die Entscheidung. Unter bestimmten Voraussetzungen sei der *Leistungsträger verpflichtet, für den Schulbesuch eines schulpflichtigen Kindes Leistungen zu erbringen, wenn nur durch diese Leistungen der Besuch der Schule oder einer gleichwertigen Einrichtung (Tagesbildungsstätte) gesichert wird.* Es sprach dem Minderjährigen wegen *sonderpädagogischen Förderbedarfs* die beantragte Eingliederungshilfe zu. Das Gericht verwies insbesondere auf die o.g. UN-KRK und die damit einhergehenden *Rechte von behinderten Kindern auf ein erfülltes und menschenwürdiges Leben.* Dazu gehörten die *Wahrung der kindlichen Würde*, die *Förderung der Selbstständigkeit* und *Erleichterung der aktiven Teilnahme am Leben in der Gemeinschaft* (Art. 23). Ebenso wurde auf das *Recht von Kindern auf Schulbesuch* (Art. 28) hingewiesen.

VG Sigmaringen vom 02.04.2003 (5 K 781/02)

In vorliegendem Fall hatte die Asylbehörde vollstationäre Eingliederungshilfe für ein sehbehindertes Kind, u.a. wegen befristeter Duldung und daher fehlender Notwendigkeit integrativer Leistungen, abgelehnt. Das Gericht folgte dieser Argumentation nicht. § 6 AsylbLG könne einen *Anspruch auf Übernahme der Kosten für eine vollstationäre Unterbringung eines hochgradig sehbehinderten Kindes abgelehnter Asylbewerber in einer Schule für Sehbehinderte begründen.* Das Gericht wies auf die *Rechte behinderter Kinder* (Art. 23 UN-KRK) sowie die *Schulpflicht des Kindes* (Art. 28 UN-KRK) hin. Dessen Kosten seien laut OVG Lüneburg „*zur Deckung besonderer Bedürfnisse von Kindern"* zu subsumieren. Die Unterbringung des Kindes sei geboten, um ihm *jetzt im Kindesalter* Grundlagen im Lernen von Kulturtechniken, Selbstständigkeit in der Orientierung und Mobilität zu vermitteln. Das Gericht sah daher auch das Merkmal „zur Sicherung der Gesundheit unerlässlich" als erfüllt an.

Zusammenfassend: Setzt man die UN-KRK als „Mindeststandard" an, reduziert sich das Ermessen quasi „auf Null". Dies ist auch mehreren der o.g. Entscheidungen zu entnehmen.

Zu beachten ist: Ansprüche eines *seelisch* behinderten Kindes auf Eingliederungshilfe, das Leistungen nach AsylbLG bezieht, begründet sich nicht nach § 6 AsylbLG. Anspruchsgrundlage ist hier § 35a SGB VIII (LSG Bayern vom 21.01.2015 - L 8 So 316/14 B ER). Der Personenkreis gemäß AsylbLG ist zwar von Leistungen nach dem SGB XII ausgeschlossen, nicht aber von Leistungen gemäß SGB VIII (§ 9 Abs. 1 AsylblG sowie § 6 Abs. 2 SGB VIII). Leistungen der Jugendhilfe wiederum sind vorrangig vor Leistungen nach AsylbLG.

4. Eingliederungshilfe nach § 6 AsylbLG für Erwachsene

Ansprüche von erwachsenen Flüchtlingen auf Eingliederungshilfe sind insbesondere aus § 6 Abs. 1 Satz 1 Alt. 2 AsylbLG herzuleiten. Die Haltung von Behörden, diesem Personenkreis keine Leistungen „zur (sozialen) Teilhabe am Leben in der Gesellschaft" (analog § 53 SGB XII) zu gewähren, mag *rechtlich* noch vertretbar sein. Nicht haltbar ist jedoch eine Ablehnung, wenn behinderungs- bzw. krankheitsbedingt Leistungen der Eingliederungshilfe „zur Sicherung der Gesundheit unerlässlich" sind.

Dies machen nachfolgende Entscheidungen deutlich:

VG Augsburg vom 17.10.2000 (Au 3 K 99.1236)

Das VG Augsburg entschied, dass *eine vollstationäre Unterbringung im Einzelfall bei entsprechender Schwere psychischer Erkrankung* (hier: schizoaffektive Psychose, Suizidgefahr u.a.) *als sonstige Leistungen gemäß § 6 AsylbLG gewährt werden muss*. Die Behörde hatte mit der „restriktiv" auszulegenden Rechtsvorschrift argumentiert. Nach dieser kämen nur Hilfen zur Verhütung, Beseitigung oder Milderung einer Behinderung, nicht aber zur Milderung sozialer Folgen der Behinderung in Frage. Das Gericht wies darauf hin, dass die Frau aus „tatsächlichen Gründen" nicht abgeschoben werden könne. Sie bedürfe laut Gutachten „ständiger Betreuung". Leistungen zur Sicherung der Gesundheit seien unerlässlich. Das Ermessen sei „auf Null" reduziert. Ein „menschenwürdiges" Leben müsse ermöglicht werden:

> „*Der Schutz der Menschenwürde (Art. 1 Abs. 1 GG) wie auch das Sozialstaatsprinzip (Art. 20 Abs. 1, 28 Abs. 1 Satz 1 GG) (...) bezwecken für den nach dem Asylbewerberleistungsgesetz anspruchsberechtigten Personenkreis, dass durch die dort (Anm.: im BSHG) genannten Leistungen (...) dem Empfänger der Hilfe die Führung eines Lebens ermöglicht werden soll, das der Würde des Menschen entspricht. (...)*" *Die in Folge nicht gewährter Hilfe zu befürchtende Mangelversorgung und Suizidgefahr der Frau „würde aber dem Grundprinzip des Schutzes der Würde des Menschen (...) wie auch dem Sozialstaatsprinzip (...) widersprechen."*[10]

SG Frankfurt vom 16.01.2006 (S 20 AY 1/06 ER)

Das SG Frankfurt wies in seiner o.g. Entscheidung darauf hin, dass der Begriff der Gesundheit im Sinne des § 6 AsylbLG *auch* das *psychische Wohlbefinden* umfasse. Zudem müsse es sich bei in Betracht kommenden Leistungen zur Sicherung der Gesundheit um solche handeln,

> „*die einen nachweisbaren inhaltlichen Bezug zum Schutze der Gesundheit (...) haben. Zum anderen müssen diese Leistungen objektiv geeignet sein, das Auftreten einer Krankheit zu verhindern bzw. die Verschlechterung einer Krankheit zu vermeiden."*[11]

---

[10] VG Augsburg, Urteil vom 17.10.2000 – Au 3 K 99.1236 (Rn 23)
[11] SG Frankfurt, Urteil vom 16.01.2006 – S 20 AY 1/06 ER (Rn 21)

Mit dieser Begründung wurde einem an Hepatitis C erkrankten und drogenabhängigen Mann ein Anspruch auf Betreutes Wohnen zugesprochen. Ohne Hilfe drohten hier Rückfallgefahr und eine Verschlechterung des psychischen und physischen Gesundheitszustandes.

5. Aktuelle Entwicklung in Politik und Rechtssprechung

BVerfG vom 18.07.2012 – 1 BvL 10/10, 1 BvL 2/11

Der Charakter des § 6 AsylbLG als „Auffang- und Öffnungsklausel" hat sich durch o.g. Entscheidung des Bundesverfassungsgerichts etwas relativiert. In dieser ging es zwar originär um die Leistungspauschalen nach § 3 AsylbLG. Diese wurden vom BVerfG als verfassungswidrig gewertet. Es bezieht sich in seiner Urteilsbegründung u.a. auf Art. 1 Abs. 1 GG und Art. 20 Abs. 1 GG. Der Gesetzgeber wurde verpflichtet, das menschenwürdige Existenzminimum nach dem AsylbLG neu zu regeln. Damit stellt(e) sich aber auch die Frage nach einer Anpassung des § 6 Abs. 1 AsylbLG an das neue Leistungsniveau.[12] Jedoch ist dessen Wortlaut trotz zweier Novellierungen sonstiger Passagen des Gesetzes bis heute unverändert. In der Praxis ist dennoch in besonders atypischen Fallkonstellationen gemäß § 6 AsylbLG von einer zunehmenden Ermessensreduzierung „auf Null" auszugehen.

Richtlinie 2013/33/EU des Europäischen Parlaments und des Rates vom 26. Juni 2013

Am 26.Juni 2013 verabschiedeten das Europäische Parlament und der Rat die Richtlinie 2013/33/EU zur Festlegung von Normen für die Aufnahme von Personen, die internationalen Schutz beantragen. In dieser wird darauf hingewiesen, dass u.a. Menschen mit Behinderung, schweren körperlichen Erkrankungen, psychischen Störungen sowie Opfer von Folter, Gewalt und Vergewaltigung besonders schutzbedürftig sind. Sie haben einen Anspruch auf entsprechende Hilfen durch den Asyl gewährenden Mitgliedsstaat. Es werden soziale Mindeststandards in der Betreuung (Art. 21-25) definiert. Eine geeignete psychologische Betreuung (Art. 19 Abs. 2) und ein besonderer Schutz für Minderjährige (Art. 23) werden gefordert. Die Mitgliedsstaaten wurden verpflichtet, diese Richtlinie in nationales Recht umzusetzen. Die Bundesrepublik Deutschland ist einer gesetzten Frist bis zum 20.07.2015 nicht nachgekommen. Der Gesetzgeber ging davon aus, dass eine ausreichende Versorgung gemäß §§ 4, 6 AsylbLG sichergestellt ist.[13] Für die vor Krieg, Verfolgung und Gewalt Geflüchteten, aber auch die

---

[12] vgl. Frerichs 2014. S. 31.
[13] vgl. Frerichs 2014. S. 7.

Asylbehörden, bleibt daher Rechtsunsicherheit.[14] Dennoch entfaltet die Richtlinie „sog. unmittelbare Rechtswirkung, d.h. sie kann vor jedem Gericht durchgesetzt werden"[15].

6. Zusammenfassung

Das AsylbLG hat im Gegensatz zu den Regelungen des SGB IX oder des § 53 SGB XII nicht das Ziel, die soziale Integration („Teilhabe am Leben in der Gesellschaft") geflüchteter Menschen zu fördern. Entsprechend ist nach Willen des Gesetzgebers § 6 AsylbLG restriktiv anzuwenden. Rechtssprechung, europäische Politik und internationale Abkommen setzen einer (zu) restriktiven Anwendung jedoch Grenzen. Der Begriff der Gesundheit ist für Schutzbedürftige weit auszulegen und geflüchteten Menschen werden Ansprüche auf umfassende Betreuung zugesichert. In der Praxis wird es möglicherweise weiterhin Einzelfälle geben, in denen sich Betroffene ihre Ansprüche gerichtlich einklagen müssen. Zwar ist die Zahl der Anträge auf Leistungen der Eingliederungshilfe nach § 6 AsylbLG in den Berliner Behörden bislang gering. In Anbetracht der hohen Zahlen besonders schutzbedürftiger Flüchtlinge in den vergangenen Monaten und der Hinweise aus Rechtssprechung und internationaler Politik kann jedoch von einer Zunahme von Leistungsgewährungen ausgegangen werden.[16]

---

[14] Der Flüchtlingsrat Berlin hat eine Reihe ablehnender und verzögerter Entscheidungen dokumentiert, in deren Folgen es teilweise zu dauerhaft schwersten Behinderungen und z.T. Todesfällen kommt. - vgl. Flüchtlingsrat Berlin e.V.
[15] EU-Aufnahmerichtlinie
[16] Diese Einschätzung wurde in mehreren telefonischen und persönlichen Gesprächen mit Mitarbeitenden aus Berliner Behörden übereinstimmend geteilt.

Quellenverzeichnis

Literatur

Classen, Georg: Leitfaden zum Asylbewerberleistungsgesetz vom 5.September 2016.
http://www.fluechtlingsinfo-berlin.de/fr/asylblg/Leitfaden_AsylbLG.pdf

Classen, Georg: Rechtssprechungsübersicht zum Flüchtlingssozialrecht vom 8.November 2015. S. 210-213.
http://www.fluechtlingsinfo-berlin.de/fr/gesetzgebung/Urteile2.pdf

EU-Aufnahmerichtlinie
http://gesundheit-gefluechtete.info/eu-richtlinie-involvierte/

Fasselt, Prof. Dr. Ursula: Asylbewerberleistungsgesetz. In: Fichter, Prof. Otto; Wenzel, Gerd: Kommentar zum SGB XII – Sozialhilfe / Asylbewerberleistungsgesetz. 4.Auflage. München: Verlag Franz Vahlen 2009. S.733-736.

Flüchtlingsrat Berlin e.V.: Menschenrechte kennen keine Grenzen. Berlin 2014.
http://www.fluechtlingsinfo-berlin.de/fr/asylblg/Classen_AsylbLG_2014_AS-Ausschuss.pdf

Frerichs, Konrad: § 6 AsylbLG Sonstige Leistungen. In: Coseriu, Pablo; Eicher, Wolfgang (Hrsg.): juris PraxisKommentar SGB XII – Sozialhilfe / mit AsylbLG. 2.Auflage 2014.
http://www.einwanderer.net/fileadmin/downloads/tabellen_und_uebersichten/___6_AsylbLG.pdf

Richtlinie 2013/33/EU des Europäischen Parlaments und des Rates vom 26.Juni 2013 zur Festlegung von Normen für die Aufnahme von Personen, die internationalen Schutz beantragen
https://www.easo.europa.eu/sites/default/files/public/Reception-DE.pdf

Rechtssprechung (chronologisch sortiert)

VG Schleswig, Beschluss vom 21.August 1998 - 13 B 159/98

OVG für das Land Schleswig-Holstein, Beschluss vom 09.September 1998 – 1 M 98/98

OVG Lüneburg, Urteil vom 25.Februar 1999 – 12 L 3799/98

VG Augsburg, Urteil vom 17.Oktober 2000 – Au 3 K 99.1236

VG München, Urteil vom 26.Juni 2002 – M 18 K 01.4925

VG Sigmaringen, Urteil vom 02.April 2003 – 5 K 781/02

SG Frankfurt, Beschluss vom 16.Januar 2006 – S 20 AY 1/06 ER

LSG Bayern, Beschluss vom 21.Januar 2015 – L 8 SO 316/14 B ER

sämtliche Entscheidungen aus: https://www.juris.de

BVerfG, Urteil vom 18.07.2012 – 1 BvL 10/10, 1 BvL 2/11
https://www.bundesverfassungsgericht.de/SharedDocs/Entscheidungen/DE/2012/07/ls20120718_1bvl001010.html

BEI GRIN MACHT SICH IHR WISSEN BEZAHLT

- Wir veröffentlichen Ihre Hausarbeit, Bachelor- und Masterarbeit

- Ihr eigenes eBook und Buch - weltweit in allen wichtigen Shops

- Verdienen Sie an jedem Verkauf

Jetzt bei www.GRIN.com hochladen und kostenlos publizieren